¡Sssssshhhhhhhhhhh!

Haz del teatro algo íntimo

Llévalo siempre en el bolsillo

Cubierta y diseño editorial: Éride, Diseño Gráfico
Dirección editorial: ángel jiménez
Coordinador de la colección: Javier Llanos

Primera edición: julio, 2024

Medusa
© José María del Castillo
© VdB, 2024
Espronceda, 5
28003 Madrid

VdB®

ISBN: 978-84-19850-64-5
Depósito Legal: M-15947-2024
Diseño y preimpresión: Éride, Diseño Gráfico

Este libro protege el entorno

Medusa

José María del Castillo.
(Sevilla)

© Jose DaSilva

Académico de las Artes Escénicas de España, actor, director y productor. Licenciado en Interpretación Textual en la Escuela Superior de Arte Dramático de Sevilla, licenciado en Comunicación Audiovisual en la Facultad de Ciencias de la Información de Sevilla, Canto en el Conservatorio de Música de Mairena del Aljarafe de Sevilla y Master de Interpretación ante la Cámara en la Central de Cine de Madrid. Por otra parte, desarrolla amplios conocimientos de danza en diferentes escuelas privadas en Sevilla, Madrid y Barcelona. Profesor de Interpretación Musical en la Escuela Superior de Arte Dramático de Málaga (ESAEM), profesor de Interpretación Musical y Canto en la escuela SCAENA de Víctor Ullate Roche en Madrid, y profesor invitado en la carrera de Musicología, en la Universidad Complutense de Madrid (Facultad de Geografía e Historia) para la asignatura de «Gestión y Patrimonio Musical».

En 2011 crea su propia compañía teatral, Coribante Producciones, donde escribe y dirige los espectáculos -ADAS, *Brujas madrinas, ¡Qué cosas tiene la vida!, El cofre de los deseos y Delirios & martirios.* En el medio audiovisual ha escrito y dirigido el cortometraje *Sentidas condolencias.* Posteriormente, escribe y dirige el espectáculo *Líbera,* estrenada en el FEST (Festival Internacional de las Artes Escénicas de Sevilla) en enero de 2017.

En el verano de 2020, *Clitemnestra* participó en el 66 Festival Internacional de Teatro Clásico de Mérida con lleno en todas sus funciones y gran éxito de crítica y público. En 2023, *Clitemnestra* vuelve a estar programada dentro del marco del Festival Internacional de Teatro Clásico de Mérida en su 69 edición.

José María del Castillo

Medusa

Esta función se estrenó en el Festival de Teatro de Mérida
el 31 de julio de 2024 interpretada por
Victoria Abril (Medusa), Adrián Lastra (Perseo),
Ruth Lorenzo (Oráculo/Euríale), Mariola Fuentes (Atenea),
Elisabet Biosca (Medusa Joven), Peter James (Poseidón),
Joaquín Fernández (Esteno), Roberto Provenzano (Guerrero),
Eduardo Rey (Guerrero) y Manuel Duarte (Guerrero).

Dirección: José María del Castillo.

Quien con monstruos lucha,
cuide de no convertirse a su vez en monstruo.
Cuando miras largo tiempo a un abismo,
el abismo también mira dentro de ti.

Más allá del bien y del mal.
F. Nietzsche.

Personajes

Medusa

Perseo

Atenea

Medusa Joven

Poseidón

Euríale

Esteno

Oráculo

Guerrero 1

Guerrero 2

Guerrero 3

Guerrero 4

Guerrero 5

Escena 1
Sucedió una vez…

Una figura sin rostro envuelta en un halo de irrealidad.

ORÁCULO   Sucedió una vez, como tantas otras a lo largo de la historia, en una época de conocimiento y progreso, en una época de crecimiento artístico y cultural y, también, en una época de supersticiones, engaños y temores, que la mentira se vistió de certeza, el miedo tiñó de negro luto a la prudencia y la crueldad se deshizo sin ningún tipo de escrúpulos de la moral. Un héroe, un monstruo y el terror de la historia escrita siempre por los vencedores.

Escena 2
El gran héroe Perseo.

> *Oda al gran héroe* PERSEO. *Cántico de victoria. Numerosos* GUERREROS *entran en escena para ejecutar una danza en honor al héroe. Un* CORO *entona las alabanzas y se suma al baile. Obertura contundente, épica, abrumadora.*

Gloria
_____

¡Gloria! ¡Gloria! ¡Gloria!

Grito que ennoblece al héroe y su misterio.
Furor de batallas y sangre de los nuestros.
Clamor que ahuyenta oscuros y escondidos miedos.
Alma de valientes caídos en el asedio.

¡Gloria! ¡Gloria! ¡Gloria!

Gloria al héroe y a su casta,
Gloria a nuestro mayor guerrero,
Gloria al héroe que nos salva,
Gloria ti, noble Perseo.

¡Gloria! ¡Gloria! ¡Gloria!

Alabanzas al mejor combatiente en guerra.
Vítores a Perseo, templanza y fortaleza.
Guerrero ejemplar, hijo de la realeza.
Gloria a ti, Perseo, nuestro dios en la tierra.

ORÁCULO   ¿Cuál es el mayor miedo de una victoria
               convertida en leyenda? Ser escrita sobre el
               silencio y la sangre de los que perdieron la
               batalla. Suerte que en toda gran proeza
               SIEMPRE aparece un… ¿héroe? para apla-
               car al…MONSTRUO.

¡Perseo!
_____

               (*Coreografía* GUERREROS y PERSEO.)

               (*Los* GUERREROS *griegos hacen alarde de sus*
               destrezas mientras ensalzan a su idolatrado
               PERSEO.)

GUERRERO 1   Con solo mirarla…

GUERRERO 2   …la inmovilizó de pánico.

CORO   (*Susurrando.*) ¡Perseo!

GUERRERO 3   Dicen que su sola presencia ahuyenta a las
               Erinias…

GUERRERO 4   … Y hasta las Moiras ensalzan su nombre.

Coro	(*Susurrando.*) ¡Perseo!
Guerrero 5	Su moral es intachable…
Guerrero 2	… y hasta la mismísima Afrodita anhela disfrutar del lecho con él.
	(*Todos ríen.*)
Coro	(*Susurrando.*) ¡Perseo!
Guerrero 1	¡Grande tú, Perseo, hijo de Zeus!
Guerreros	¡Grande Perseo!
Guerrero 2	¡Héroe jubiloso que acabó con la vida de la monstruosa, despiadada e irascible Medusa!
Guerreros	¡Victorioso Perseo!
Guerrero 3	¡Libertador de la hermosa princesa Andrómeda encadenada a merced de una bestia!
Guerreros	¡Justo Perseo!
Guerrero 4	¡Héroe vengador de su madre Dánae al acabar con la vida del cruel y déspota Polidectes, rey de Sérifos!
Guerreros	¡Vengador Perseo!
Guerrero 5	¡Invencible guerrero, terror de sus enemigos y de furor constante!

GUERRERO 1   ¡Coronado vencedor en cruentas batallas!

GUERREROS   ¡Invencible Perseo!

GUERRERO 3   ¡Perseo, nieto de Acrisio, rey de Argos! Linaje real que suscita conspiraciones que quedan amedrentadas ante su valor, destreza y gallardía.

GUERREROS   ¡Valeroso Perseo!

GUERRERO 1   ¡Perseo, héroe y leyenda viva!

GUERREROS   ¡Perseo!

GUERRERO 2   ¡Perseo, noble hijo de Argos!

GUERREROS   ¡Perseo!

GUERRERO 3   ¡Perseo héroe, hijo de los dioses!

GUERREROS   ¡Perseo!

GUERRERO 4   ¡Perseo, certera espada de Atenea!

GUERREROS   ¡Perseo!

GUERRERO 5   ¡Perseo, hijo de Grecia!

GUERREROS   ¡Perseo!

GUERRERO 2   ¡Perseo, terror de las Gorgonas!

GUERREROS   ¡Perseo!

PERSEO   ¿Me seguiréis más allá de las sombras sin miedo a que la muerte os devore las entrañas? Contestad. ¿Me seguiréis?

GUERREROS   ¡Sí!

GUERRERO 1   Gran Perseo, en tus manos llevas el poder más mortal que sobre la tierra exista: la cabeza de Medusa. ¡Valeroso tú que pudiste solo con el monstruo más atroz que jamás haya conocido la humanidad!

GUERRERO 2   ¡Guíanos, gran Perseo, que te seguiremos allá donde vayas para gritar tus proezas!

GUERRERO 3   ¡Déjanos morir a tu lado, si es necesario, pero permítenos luchar hombro a hombro junto al mayor héroe que ha dado Grecia!

GUERREROS   ¡Perseo!

GUERRERO 4   Destreza que arrebata alientos.

GUERREROS   ¡Perseo!

GUERRERO 5   Fuerza en el combate.

GUERREROS   ¡Perseo!

GUERRERO 3   Terror del enemigo.

GUERREROS	¡Perseo!
GUERRERO 1	Valor en empuñadura vengadora.
GUERREROS	¡Perseo!
GUERRERO 4	Invencible en el campo de batalla.
GUERREROS	¡Perseo!
GUERRERO 2	Coraje y decisión contra la Gorgona.
GUERREROS	¡Perseo, Perseo, Perseo!
PERSEO	¡Yo, Perseo, hijo de Dánae y el todopoderoso Zeus, reclamo mi lugar en la historia como hombre y como héroe! ¡Yo, espada en mano, he luchado contra los elementos para llegar hasta vosotros y poder gritar con fuerza que la lucha nos hace grandes… y poderosos! En tiempos oscuros como los que vivimos necesitamos ese haz de luz que nos guíe, que nos recuerde que no estamos solos, ¡que no estáis solos!
GUERREROS	¡Sí!
PERSEO	Yo, Perseo, destrono al viejo sistema del miedo y el terror para hacer del pueblo un lugar libre, un país de futuro que no conozca límites. Lleváis años sufriendo, lo sé, y yo vengo para demostrar que podemos cambiar el sistema. Yo, Perseo, os prometo

que lucharé con todas mis fuerzas para que salgáis de este mar de oscuridad y de esta desidia de sumisión.

GUERREROS   ¡Vamos!

PERSEO   Os prometo que lucharé para reivindicar que vosotros sois el cambio, y que si me apoyáis y me acompañáis yo os lideraré para hacer posible la caída de todos los monstruos que nos acechan. ¡Yo, Perseo, hijo del dios del rayo, Zeus, os insto a que cerréis los ojos para no sucumbir ante el poder que más vidas ha arrebatado con sólo una mirada… (*Todos apartan la mirada y* PERSEO *eleva con su brazo, liberándola de su envoltorio, una cabeza femenina con serpientes como cabellera. Una luz cegadora cae sobre el público que deberá apartar la vista mientras dure el resplandor. Unos cánticos celestiales acompañan el momento.*) ¡La cabeza de Medusa… la Gorgona!

GUERREROS   ¡Perseo, Perseo, Perseo!

Escena 3
La verdad de Medusa.

> *Aparece* MEDUSA *y va hasta el proscenio para
> romper la cuarta pared y hablar directamen-
> te al público.*

MEDUSA   Un momento, por favor. ¿En serio? ¿De
verdad tenemos que soportar esta historia?
¿Este juego de machitos impregnados de
testosterona fingida? ¡Ja! *(Señalando su cabeza.)* ¡Tengo a las serpientes de mi cabeza revolucionadas ahora «mismito»! Aviso. Perdonadme que sea así de franca, pero
este peloteo sin sentido, aburrido y rim-
bombante, no hace más que alimentar el
ego de un pobre muchacho. ¡Sí, sí, ése es
vuestro héroe! Que yo no me invento nada.
¡El «aguerrido» Perseo ofreció más mone-
das de las que nunca poseyó ni pudo pagar! Pero claro,…¡en esta historia yo soy
la mala! *(Pausa.)* ¡Pues aquí me tenéis! La
terrorífica, monstruosa y siniestra Medusa.
¡Yo, la Gorgona! *(Pausa.)* Podéis estar tran-
quilos y tranquilas porque mis ojos ya no
petrifican como hicieran antaño. Cuando el
«valeroso» Perseo separó la cabeza de mi
cuerpo acabó con cualquier prodigio visual
que pudiera poseer. Eh, oigo voces. Ahora

os preguntareis: ¿y esta desquiciada, qué es lo que nos ha venido a contar? ¡La verdadera historia! ¡La historia que realmente sucedió! ¡Mi historia! Lo que tantos siglos se ha callado porque lo «correcto» es que un héroe mate a un «monstruo». ¿¡Yo!? ¡Un monstruo! ¿Os recuerdo cuántos monstruos con apariencia de héroe han existido, existen y existirán? ¿Y yo soy el «monstruo»? ¿No me diréis que por las serpientes? ¿O por tener una mirada…penetrante? *(Dirigiéndose a las serpientes de su cabeza.)* ¡Hoy estoy graciosilla, queridas mías! Quita. *(Al público.)* Ahora en serio, ¡¡cuándo aprenderéis que el verdadero peligro llega siempre a través de las aguas mansas?! ¡Cuidaos de los lobos con piel de cordero porque os devorarán las entrañas sin que os deis cuenta! Yo no he sido más que una excusa para los intereses, envidias y limitaciones de otros, que sin tener las armas necesarias para subsistir, necesitan hundir a los demás para mantenerse a flote. A ver… si yo os pregunto: ¿quién es Medusa? ¿Qué me contestáis? Nada.

GUERRERO 1   Una asesina.

GUERRERO 2   Despiadada.

GUERRERO 3   Sin alma.

GUERRERO 4   Sin piedad.

GUERRERO 5   Y sin compasión.

GUERRERO 1   Un monstruo.

GUERRERO 2   Pestilente.

GUERRERO 3   Deforme.

GUERRERO 4   Contrahecho.

GUERRERO 1   Miserable.

GUERRERO 2   Abominable.

GUERRERO 3   Y deleznable.

GUERRERO 4   Un ser maldito.

GUERRERO 5   Perverso.

GUERRERO 1   Cruel.

GUERRERO 2   Mezquino.

GUERRERO 3   Y repugnante.

GUERRERO 4   Un monstruo caído en desgracia.

GUERRERO 5   En la inmundicia.

GUERRERO 1   En la avaricia.

GUERRERO 2 : Y en la condena.

GUERRERO 3   Un ser despreciable.

GUERRERO 4   Sin moral.

GUERRERO 5   Sin dignidad.

GUERRERO 1   Y sin vergüenza.

GUERRERO 2   Perdición.

GUERRERO 3   Terror,
GUERRERO 4   Castigo.

GUERRERO 5   Infortunio.

GUERRERO 1   Condena.

GUERRERO 2   Destrucción.

GUERRERO 3   Y muerte.

MEDUSA   ¿Algún piropo más? (*Al público.*) ¡Imaginad cómo tengo la autoestima con tanta preciosidad dirigida hacia mi persona! (*A los* GUERREROS.) ¿¡Os habréis quedado a gusto!? ¡Pero si nunca me habéis visto, ¿de dónde salen tantos descalificativos?! Una buena miradita os echaba yo ahora para callar esas bocas viperinas. (*Al público.*) ¡Entended que alguna tara es lógico que me haya quedado después de todo lo que me dicen… ¡qué menos! Pero llegados a este punto, la historia os la voy a contar como es debido porque estoy hasta la mismísima última escama de Equitea, que es esta belleza que tengo por aquí... *(señala una de las serpientes de su cabeza)*, quita, de que se tergiverse y se manipule lo que realmente sucedió. Tirando años atrás...¡muchos siglos atrás! Mi padre Forcis y mi madre Ceto engendraron tres hijas que la humanidad conoció como Las Gorgonas. Mis hermanas, la maternal Euríale y la poderosa Esteno, nacieron inmortales, pero yo era diferente. Sin olvidar el detalle de que fui la única mortal de las tres que obtuve al nacer el cruel y despiadado don de la belleza. *(Mirada al público.)* ¡Uy! *(Pausa. Ofendida.)* ¡No quiero ver ninguna carita de extrañeza ni ninguna sonrisa incrédula... que la naturaleza también me dotó de un genio que con lo años cada vez controlo menos, ¿eh? Aviso. *(Finge mucha sutileza en sus formas.)* Y quiero seguir mostrándome dulce y encantadora con ustedes, como hasta ahora. ¿Por dónde iba? Ah, sí, mi belleza. Pues sí, yo tenía un tipín envidiable: un talle, unas hechuras, una cara...¡y un hermoso pelo rubio como las candelas que me llegó hasta aquí! *(A alguien del público.)* ¡Claro que ya no, cariño, el tiempo pasa para todas y para todos, listillos! ¡Y todes que del paso del tiempo no se libra nadie! ¡Imaginad que por no conservar yo no conservo ni la cabeza sobre los hombros! Pero la tuve, hija mía, la tuve... ¡Y eso no se olvida! Se pierde, pero no se olvida; La cabeza. Pero como todos los dones, uno piensa que son para toda la vida y no les otorgamos su valor. ¡Y yo pagué por esta insolencia mi precio a peso de oro! (*Aparece en escena una hermosa* MEDUSA JOVEN *de cabello rubio que prepara un ritual en el templo.*) Y ahí estaba yo con solo 16 años… inocente, inmaculada y sin experiencia. Consagrada a una vida de recogimiento como sacerdotisa virgen del templo de Atenea. (*Cómplice con el público.*) Eh, ¿dónde está? ¿Era mona o no? Pero la terrible verdad es que la pureza suscita el mayor interés para corromperla. Mi naturaleza divina me mantenía libre de todo deseo carnal, pues yo sólo anhelaba una vida en paz sirviendo a la diosa Atenea, inconsciente de que el templo iba aumentado las visitas, sobre todo las masculinas, más por mí que por la adoración a la diosa. Mi virtud jamás cedió… y a mis pies cayeron desde reyes y héroes hasta el mismísimo Poseidón… ¡Poseidón, el dios que jamás acepta un «no» por respuesta!

Escena 4
Poseidón y Medusa.

> *Aparece* POSEIDÓN *quien trata de seducir a* MEDUSA JOVEN.

POSEIDÓN Medusa, Medusa, acércate. (MEDUSA JOVEN *niega con la cabeza, mientras se retira.*) ¿Dónde vas? (MEDUSA JOVEN *se para.* POSEIDÓN *se acerca a la joven.*) Tranquila, has llamado mi atención. (POSEIDÓN *la va acariciando con sutileza, mientras* MEDUSA JOVEN *se va apartando.*) La sutileza de tus movimientos, tu encendido cabello de oro, el olor que desprende tu piel, tu mirada escondida, pero poderosa...

MEDUSA (*Al público.*) Escondida pero poderosa... ¡Qué asco de cursilería! ¡Éste aún no sabe de lo que soy capaz de hacer con estos ojitos!

POSEIDÓN Medusa, tienes el enorme privilegio de ser mi elegida. ¡Acércate!

MEDUSA ¡No, no me voy a acercar! Yo con dieciséis años estaba asustada. No sabía si creerlo, no sabía si se enfadaría por mi rechazo. ¡Ni siquiera sabía exactamente qué es lo que pretendía!

POSEIDÓN   Eres sacerdotisa y… ¿virgen?

MEDUSA JOVEN *(Asustada.)* Sí.

POSEIDÓN   Mejor. La sacerdotisa virgen más hermosa consagrada a un templo.

MEDUSA JOVEN Es todo un honor vuestra presencia, pero…

POSEIDÓN   ¡No te muevas!

MEDUSA JOVEN Creo que debería irme. Los rituales en honor a Atenea deben prepararse y no puedo distraerme antes de…

POSEIDÓN   ¿Por qué tanta prisa? No temas, Medusa…

(POSEIDÓN *le tapa la boca a* MEDUSA.)

POSEIDÓN   Tranquila. ¡No hay mujer más afortunada sobre la tierra! Medusa…¡hoy serás mía!

Coreografía Poseidón y Medusa Joven

(Una coreografía surge entre ambos. Al comienzo, de forma sutil, MEDUSA JOVEN *va esquivando a* POSEIDÓN, *pero poco a poco, ante la insistencia del dios olímpico el juego se vuelve más agresivo.)*

MEDUSA La insistencia se volvió cada vez más violenta. Su galantería inicial solo se volvió brusquedad. Me asusté más. Me empezó a hacer daño. Grité, pero nadie me escuchaba. ¡¿Quién pone los límites cuando uno de los dos tiene realmente poder?! Sólo me quedaba huir. *(La danza llevará a* POSEIDÓN *y* MEDUSA JOVEN *a una fuerte lucha en la que el dios violará a la sacerdotisa en el interior del templo de* ATENEA. MEDUSA JOVEN *intentará resistirse hasta sucumbir a la violencia de* POSEIDÓN *quien consuma la violación. El vestido blanco de la joven acabará manchado de sangre tras la coreografía. Al final del número,* MEDUSA JOVEN *quedará sola, llorando desconsolada en el escenario.)* ¿Era necesario todo esto? ¿Tenía que haber cedido desde el principio para que me hiciera menos daño? Corrí al altar para ver si en un lugar sagrado algún tipo de respeto frenaba su locura, pero cuanto más me resistía más disfrutaba de su cruel perversión. Y da igual los siglos que pasen… hoy como entonces un «NO» significa «¡NO!» *(*MEDUSA JOVEN *grita* «¡NO!» *a la vez.)* ¡Que os entre en la cabeza! ¡No es un juego en el que nos hacemos las difíciles para que disfrutéis más en vuestro «escueto» orgasmo! Entonces abrí los ojos y vi un mundo corrompido, lleno de intereses, de egoísmo, de mentiras, de apariencias y de una falta de empatía que una niña de 16 años no era capaz de comprender. En ese momento, solo pude recoger mi vergüenza y anudarla en el poco amor propio que me quedaba para poder ponerme en pie e intentar ir al arroyo para limpiar la sangre de los desgarros que había provocado en mi cuerpo. ¡Pero la «loca» de Medusa no es así por casualidad! El rechazo al género masculino no fue lo único que el dolor físico y la humillación consiguieron aquella tarde. Lo peor estaba por llegar…

Escena 5
La maldición de Atenea.

> *Aparece* ATENEA *vestida de oro y marfil, como en una ensoñación, para pedir cuentas a* MEDUSA JOVEN *por lo sucedido en su templo.*

MEDUSA JOVEN   *(Se inclina en acto de reverencia.)* ¡Oh, gran diosa Atenea!

ATENEA   Medusa… Mírame. (MEDUSA *baja la mirada avergonzada.)* ¡Mírame a la cara! (MEDUSA *la mira.)* ¿Sabes dónde estás?

MED. JOVEN   En el templo que honra tu nombre. Vine buscando amparo…

ATENEA   Hermosa Medusa, te ves desmejorada… ¡Sujeta mi casco! (ATENEA *le da el casco a* MEDUSA JOVEN.) Llevo tiempo observándote y el alcance de tu belleza ha llegado más allá de la Cólquide. De hecho este templo tiene más fieles y seguidores que ninguno en mi honor en toda Grecia… desde que estás tú en él.

MED. JOVEN   Yo sólo sirvo como sacerdotisa honrándote.

ATENEA   Lo sé, querida. ¡Pero son tan crueles las ha-
             bladurías!

MED. JOVEN   Puedo asegurar que…

ATENEA   ¿Que la mayoría de fieles que acuden son
             hombres? Lo he notado. (MEDUSA JOVEN
             guarda silencio.) ¡Tu belleza no es un don,
             Medusa! Pero rindiendo culto a la diosa
             virgen Atenea, o sea yo, viste la oportuni-
             dad de llevar una vida tranquila y elevada,
             ¿cierto?

MED. JOVEN   (*Llorando.*) ¡Sí!

ATENEA   ¿Por qué lloras, Medusa?

MED. JOVEN   (*Con rabia.*) ¡Reniego de los hombres! ¡Me
             dan asco! ¡Sus ansias, sus intereses, su vio-
             lencia…! ¡Jamás permitiré que un hombre…!

             (MEDUSA JOVEN *se calla.*)

ATENEA   (*La manda callar.*) ¡Shhhhhh… ya, ya, ya…,
             no hace falta que montes un numerito ni
             que seas tan intensa! (*Pausa.* ATENEA *mira
             el vestido de* MEDUSA JOVEN.) ¿De qué está
             manchado tu vestido?

MED. JOVEN   (*Avergonzada.*) Sangre.

ATENEA   ¿Así es como pretendes honrar el culto en
             mi templo?

MED. JOVEN   ¡Me forzaron!

ATENEA   (*Tajante.*) ¡Te dejaste!

MED. JOVEN   (*Llorando.*) ¡No es verdad!

ATENEA   ¡No te hagas la inocente! Desde tus inicios como sacerdotisa, a cada hombre que ha llegado «babeando» al templo tú le has sonreído.

MED. JOVEN   ¡Por amabilidad!

ATENEA   ¿Ignoras el efecto seductor que provocas en hombres y mujeres? (MEDUSA JOVEN *calla.*) ¡Contesta!

MED. JOVEN   No.

ATENEA   ¡Por fin lo reconoces, Medusa! ¡Es difícil tratar con tu falta de sinceridad! Quedas relegada de tu cargo como sacerdotisa de mi templo.

MED. JOVEN   ¡No!

(*Llora.*)

ATENEA   A mí me da más lástima que a ti, querida, pero… ¿te recuerdo las reglas? Sólo puede ejercer como sacerdotisa, en un templo consagrado a la diosa Atenea, una doncella virgen. ¡Y tú ya estás mancillada!

MED. JOVEN   (*Llora desesperada.*) ¡Fue contra mi voluntad!

ATENEA   Llevabas semanas sonriendo y moviendo al aire tu hermoso cabello rubio, ejerciendo un efecto hipnótico en todo aquel que te miraba. ¿Ahora te sorprendes?

MED. JOVEN   Nunca pretendí…

ATENEA   ¡No me interrumpas! El juego comenzó en el exterior. Pero no contenta con ello, cuando la cosa se puso más calentita, tuviste la osadía de ingresar en el templo para…

MED. JOVEN   ¡Para pedir el auxilio y respeto de un lugar sagrado!

ATENEA   ¡¿Cuando es un dios el que quiere yacer contigo?! ¿De verdad crees que un templo es el mejor lugar para evitarlo… o supone, más bien, una sutil invitación?

MED. JOVEN   ¡Poseidón me engañó, me forzó y no me dio opción!

ATENEA   ¡No eres especial porque un dios como Poseidón se interese por ti! ¿Te enumero todas las ninfas, semidiosas, diosas, mortales y hasta efebos que han pasado por sus manos? ¡Mi casco! (MEDUSA JOVEN *devuelve el casco a* ATENEA.) No eres mejor que cualquier otra, pero sí eres responsable de la humillación que me has hecho pasar al consumar el acto dentro de mi templo, denigrar el honor de ser sacerdotisa de la casa de Atenea y llorar tu vergüenza al no tener la fortaleza suficiente para resistir la tentación y sucumbir al deseo carnal.

MED. JOVEN   ¡Te pido perdón por toda ofensa que haya podido causar, pero juro que nunca fue intencionado!

ATENEA   Ya te dije que tu belleza no es un don, ¡es un castigo!

MED. JOVEN   ¡Maldita naturaleza que me destrozaste la vida al concederme belleza! Mis hermanas Euríale y Esteno jamás sufrieron, en su fealdad, tanta desgracia.

ATENEA   ¡Tus deseos son órdenes, querida! Para que veas que no te guardo rencor y para evitar que este pequeño incidente vuelva a suceder en el futuro, te otorgaré lo que tanto anhelas. *(Comienza la maldición de* ATENEA. *Cambio de luz, efectos técnicos con los que desaparece* MEDUSA JOVEN, *ocupando su lugar* MEDUSA. *Efecto sonoro en la voz de* ATENEA.*)* «Ningún hombre osará volver a mirarte a los ojos sin quedar petrificado por ello, y tu maravilloso cabello dorado se enroscará en centenares de serpientes que te

recordarán, con cada mordisco, cada ofensa que me has hecho como sacerdotisa de
mi templo.».

(ATENEA *desaparece.*)

Escena 6
La desgracia de Medusa.

> MEDUSA *sola en el escenario vuelve a dirigirse al público.*

MEDUSA   ¡Y así me quedé! Versión animalista del ideal más reptiliano de belleza. Y Ahora os pregunto, ¿quién soy yo? ¿La hermosa muchacha de cabello rubio, grácil movimiento y delicadas formas que acabáis de ver, o el aparatoso, pero no menos exótico, portento salvaje que tenéis delante? *(Pausa.)* Algunos, sin pararse a pensar un segundo, se mueren de ganas por gritarme «¡Calla, monstruo!», ¿yo? pero yo no soy más monstruo ahora que la chica que antes luchaba por mantener su dignidad. ¡Cuestión de forma! Continente. Apariencia. Imagen. Lo externo. El envoltorio de toda la vida. ¡Es tan fácil juzgar lo primero que se ve! ¡Y cuánto error, queridos míos, cuánto error! Yo soy la chica que quería llevar un vida de recogimiento como sacerdotisa de Atenea, pero las circunstancias, a veces, nos arrastran a situaciones límite. La sociedad nos empuja a abismos que no todo el mundo es capaz de superar y, por supuesto, todo ello nos modifica y nos hace evolucionar.

¡Pero os diré más! La vida no siempre nos coloca en un lugar del que nos sintamos satisfechos ni satisfechas, porque la realidad, llega a ser tan cruel y el instinto de supervivencia tira de ti hacia la superficie arrasando con todo lo que pille a su paso porque si no… te acabas ahogando. ¡Y así me quedé! Desgarrada por dentro, ¡y en todos los sentidos!, con sólo dieciséis años, de la noche a la mañana. Sola, humillada, maldecida y tan confundida que sólo podía llorar. Un físico que no era mío, una culpa que no me correspondía y un odio a los hombres que no alentaba más que mi falta de fe en la humanidad. Condenada a no volver a mirar a nadie a los ojos, sin petrificarlos, huí a la cueva en la que vivían mis hermanas las gorgonas, Euríale y Esteno. Ellas, inmortales, no sufrirían mi maldición y aliviarían mi castigo. ¡Y allí, con ellas, me vi obligada a olvidar tajantemente toda mi vida anterior! Esto supuso un gran choque en mi forma de ver el mundo, y como si de una ruptura sentimental se tratase tuve que superar todos los episodios clásicos. Os cuento. (*A medida que empieza a enumerar los estadios, los bailarines llevarán a cabo una recreación física del mundo interior de* MEDUSA.) Primero la NEGACIÓN: Una horrible pesadilla, una terrible broma del destino, un mal sueño del que quieres despertar, pero nunca llegó a su fin. Inútiles fueron las horas que supliqué a Atenea su perdón, como la ayuda de Poseidón por su terrible acto. Una sola respuesta: silencio. El silencio, mi vacío, mi dolor y mi culpa, que no era mía, al episodio más divertido: la RABIA. ¡Aquí sí que pude explayarme bien! Y tengo que reconocer que es el estadio que más ha durado. Quizás me pasé poco, ¡pero fue tan excitante! Las serpientes de mi cabeza revolucionadas por la sed de venganza que corría por mi sangre hizo que me resarciese con cada hombre que se cruzaba en mi camino. Comenzaron a temerme… ¡¿Me transformaron en monstruo?! ¡¡Pues como tal me comportaría!!

(*Aparece un* GUERRERO.)

GUERRERO   ¡Medusa!

MEDUSA   ¡Aquí estoy, cariño! (*Lo petrifica.*) ¡Uno menos! (*Aparece otro.*) ¿Me buscas a mí, guerrero? (*Lo petrifica.*) Cada escultura que sumaba a mi colección de piedra era un hombre menos que pudiera aterrorizar a una mujer. (*Aparecen dos* GUERREROS.) ¡Vosotros! ¿Qué hacéis aquí? (*Los petrifica.*) Y así, fui sumando «muñequitos» a mi extensa colección. (*Tira un beso a otro* GUERRERO *y lo convierte en piedra* MEDUSA *baja al patio de butacas y dialoga con los espectadores.*) Pero de todo se cansa una, ¿verdad cariño? (*A alguien del público.*) ¡Uy, qué bien acompañada! ¿Sois pareja? (*Respuesta del interlocutor.*) ¡Muy bien, que viva el amor, pero… reconóceme que de todo se cansa una! Y uno. Aviso. (*A otra persona.*) Buenas noches. Bonita velada, ¿verdad? ¿Me podría responder a algo, así en confianza, ahora que no nos escucha nadie? ¿Cómo me ve? (*Espera la reacción.*) ¡No me refiero físicamente, que ya sé que impongo! Mi reacción ante lo sucedido: el llanto, la rabia, la negación… ¿Cree que necesito terapia o, por el contrario, entiende y justifica mi comportamiento después de todo lo que llevo sufrido? (*Deja que responda.*) Y es que cuando una acumula tanto, necesita soltarlo. ¡Tanto tiempo sola! ¡Tanto escuchar sólo a mis hermanas pelearse y quejarse! ¡Nena, que me ponían la cabeza loca! Así que decidí dar un paso más e ingresé en el difícil estadio de la NEGO-CIACIÓN. Imposible.

(*Aparece otro* GUERRERO *con actitud aguerrida y combativa con intención de acabar con* MEDUSA. *Ella intenta dialogar con él de forma muy amable.*)

GUERRERO   ¡Medusa!

MEDUSA   ¡Muy buenas, querido!

GUERRERO   ¡Terror y destrucción de la vida, ¿dónde estás?!

(El Guerrero *grita amenazante y va hacia* Medusa. Medusa *lo esquiva sin mirarlo a los ojos directamente.)*

MEDUSA   Mejor no te miro que se me chafa el plan de la conversación.

GUERRERO   ¡Sal de tu guarida para que pueda acabar contigo!

MEDUSA   ¡Sé que estás con mucha inquina

GUERRERO   ¡Medusa! ¡Medusa!

MEDUSA   ¡Pero relájate, muchacho!

GUERRERO   ¡Monstruo infame! ¡Hoy acaban tus días de odio y muerte!

MEDUSA   *(Sigue sin mirarlo.)* ¡Uy, noto cierto rechazo! ¿Podemos dialogar?

GUERRERO   *(Corriendo hacia ella.)* ¡Muere!

MEDUSA   ¡Se me acabó la paciencia! *(Lo mira y lo petrifica. Al público.)* ¡¿Lo he intentado o no?! ¡Es que no había manera! Mucho músculo trabajado, pero poco… ¡Vamos que no me daba cancha para seguir intentándolo! *(Pausa.)* Total, que dejando a un lado que quienes venían a «visitarme» no eran precisamente filósofos ni eruditos, tras varios intentos fallidos, en los que os prometo que intenté dialogar con muchos guerreros que llegaron a la cueva, acabé cayendo en el pozo de la DEPRESIÓN profunda y existencial: ¿Pero, por qué? ¡¿Por qué yo?! ¡¿Por qué a mí esta condena injusta?! ¡¿Por qué?! ¿Os imagináis pasar años y años sin poder ver a nadie más que a vuestras dos hermanas? Y lo peor de todo, ¿os imagináis saber que no va a cambiar nada en vuestra aburrida, tediosa y macabra vida en soledad? La oscuridad se fue apoderando de mí y en mi desconsuelo sólo podía pensar en aquel fatídico día en el que me arrebataron mi libertad. Y de pronto un día un rayito de sol, me iluminó el camino que me llevaría a la sanación. El episodio final: la ACEPTACIÓN. Lo que sucede conviene. *(Silencio forzado.)* ¿Aceptación? ¡Todo se puede superar, ¿verdad?! (MEDUSA *comienza a irse mientras se autoconvence.)* ¡Todo está bien! ¡Todo está muy bien! ¡Todo es estupendo! ¡Me encanta la vida que tengo! ¡Me gusta mucho escuchar a mis hermanas discutir! ¡Estoy tan feliz viviendo en una cueva oscura y sombría! ¡Es fresca a la vez que acogedora! ¡Todo está realmente bien! ¡Gracias Atenea por permitirme vivir mi vida en recogimiento! ¡Quizás un poco de recogimiento de más, pero… todo está realmente bien! ¡Sí señores, estoy muy contenta!

Sale de escena.)

Escena 7
Atenea y el embarazo de Medusa.

> ATENEA *aparece en escena con un par de doncellas, con escuadra y cartabón gigante y varios pergaminos simulando planos.*

ATENEA No estoy del todo convencida de que Calícrates e Ictino sean los encargados de llevar a cabo mi gran templo en Atenas, son demasiado... ¡correctos! Ya sabéis que a mí no me gusta lo ostentoso y que la humildad es uno de los rasgos que más me caracteriza, pero claro... ¡seis columnas en los extremos se me queda pobre! *(Al grupo de doncellas que la acompaña.)* ¡Entonad algo épico que me estoy viniendo arriba! *(El coro de doncellas canta.)* Ya me estoy viendo entera de oro y marfil presidiendo el templo, con todo el «chusmerío» haciendo grandes colas para ver mi estatua y rendirme culto. Yo, Atenea, diosa de la sabiduría, diosa... *(Al grupo de doncellas.)* Mirad, os está quedando «curioso», pero me falta chicha, ¡subidlo dos tonos y medio más para que suene más grandioso! *(El coro sube dos tonos y medio la melodía.)* ¡Mucho mejor! ¡Otro universo sonoro! ¡Si es que podría ser también la diosa de la música, las artes y la composición! ¡Poco valorada me tienen! (*Pausa.*) En fin, volvamos al tema que quema: mi templo. ¡Que lo quiero grande! Que no me conformo con un templete de caminos. ¡Quiero un gran templo como me merezco! (*A una de las doncellas.*) ¡Mandad ocho lechuzas para que se coloquen en fila y los arquitectos entiendan que quiero ocho columnas en los extremos! ¡Ocho, no seis! ¡Ocho! (*A una de las doncellas*) ¡Coge mi casco! (*Se lo da.*) ¡Si el templo dedicado a Artemisa en Éfeso tiene 377 pies de largo, ¿por qué el mío en Atenas sólo va a medir 226 pies?! ¡No lo puedo entender! ¡Y espero que sea de mármol! El monte Pantélico lo tienen cerca, a sólo 4265 pies. ¡Que lo extraigan de ahí! Lo quiero entero de mármol, ¡incluso las tejas!, para no romper con la coherencia estética del conjunto. ¡Ay, no sé qué tendrán en mente estos nuevos arquitectos! ¡Espero que lo hayan pensado así y no me hagan mandar un «contratiempo» que los haga comenzar de nuevo! (*Suspira agotada.*) ¡Ay, qué responsabilidad ser la diosa de la sabiduría con tanto paleto suelto! ¡Yo sólo quiero que sea algo… «bonito»! ¡Y lo quiero entero de mármol, ¿eh?! ¡Nada de cutreces!

CORO
(*Cantado.*)
¡Atenea! ¡El templo de Atenea!

ORÁCULO   (*Cantado.*)
            ¡Una diosa de oro y mármol!
            Inciensos entre cientos de columnas, y
            ofrendas que ella vea.

CORO   (*Cantado.*)
            ¡Que ella vea!

ORÁCULO   (*Cantado.*)
            Elegancia, estilo, arte y suntuosidad.

ATENEA   (*Hablado.*) ¡No podría ser de otra forma!

ORÁCULO   (*Cantado.*)
            ¡Es lo que merece

ORÁCULO
/CORO   (*Cantado.*)
            ¡…El templo de Atenea!
            ¡El templo de Atenea!

ATENEA   (*Hablado.*) Representación y orgullo de mi
            poder en la tierra. ¡Gritadlo!

CORO   (*Cantado.*)
            ¡Atenea!

ATENEA   (*Hablado.*) ¡Me vais a sacar los colores!

CORO   (*Cantado.*)
            ¡No se merece menos la gran diosa Atenea!
            ¡No se merece menos la gran diosa Atenea!

ORÁCULO   (*Cantado.*)
           Un pórtico de su categoría
           con una gran naos donde su estatua se vea.

ATENEA   (*Hablado.*) ¡No os olvidéis de un gran epis-
           tódomo! ¡Fundamental en mi templo!

CORO   (*Cantado.*)
           Sueños de un monumento
           Que adorarán en toda Grecia.

ORÁCULO
/CORO   (*Cantado.*)
           ¡La gran diosa Atenea!

CORO   (*Cantado.*)
           ¡No se merece menos la gran diosa Atenea!
           ¡No se merece menos la gran diosa Atenea!

ATENEA   (*Cantado.*)
           En mi templo bellas sacerdotisas,
           virgenes e inmaculadas todas sean.
           Y ese «adyton» infranqueable
           misterio y orgullo del gran templo…

ORÁCULO
/CORO   (*Cantado.*)
           ¡De Atenea!

ATENEA   (*Cantado.*)
           Menos, sabéis que no merezco.

CORO (*Cantado.*)
¡Mereces más!

ATENEA (*Cantado.*)
¡Que lo construyan rápido y como os cuento que sea!
¡La mayor y espectacular obra de arte!

ORÁCULO (*Cantado.*)
¡Atenea!

ORÁCULO
/CORO (*Cantado.*)
¡El Gran Templo de Atenea!

(*Aparece un desfile de doncellas.* ATENEA *se sorprende.*)

ATENEA ¡¿A qué viene tanto revuelo?! (*Todas las chicas hacen un gesto a la vez refiriéndose a las serpientes de la cabeza.*) ¿¡Medusa?! No me hagáis perder el tiempo hoy, que estoy con un tema de vital importancia: mi templo. (*Pausa.*) ¡¿Qué?! (*Pausa.*) Veréis, Medusa está desterrada con sus hermanas, las Gorgonas, en una cochambrosa cueva, alejada de todo ser viviente. (*Las doncellas hacen otro gesto simultáneo de dolor en el pecho.*) ¿Cómo puede ofenderme ya Medusa? Nadie puede verla ni hablar con ella sin petrificarse. Fue mi pequeño regalo por su insolencia. (*Todas las doncellas a la vez, a través de un mecanismo, hinchan sus vientres*

*hasta convertirse en embarazadas con avan-
zado estado de gestación.)* ¡¡¿¿Embarazada??!!
Medusa no puede estar embarazada… *(Hace
cálculos.)* ¡O sí! ¡Poseidón! ¡Maldita seas
una y cien veces! ¡Ni un segundo tranquila puedo tener para supervisar mi templo!
¡Qué día, qué día! ¡Mi casco! *(Una doncella le da el casco.)* No permitiré que un hijo
de Poseidón y Medusa me haga la existen-
cia imposible por maldecirla! ¡Lo que me
faltaba para acabar con mi tranquilidad!
¡Esto lo atajo yo como diosa del combate
que soy!

scena 8
Atenea y Perseo.

> *El desfile de doncellas cobra vida y durante la coreografía aparece* Perseo. *Las doncellas giran en torno a* Atenea *para ocultarla.*

PERSEO   ¿Qué es esto? ¿Qué clase de poder se presenta ante mí?

ATENEA   No temas… ¡noble Perseo!

PERSEO   ¿Quién eres?!

ATENEA   *(Sigue oculta por el coro de doncellas.)* ¡Tu mejor aliada!

                 (Se deja ver.)

PERSEO   ¡Oh, grandísima Atenea! ¿Cómo puedo servir a la diosa de la sabiduría y la justicia?

ATENEA   ¡Coge mi casco! *(Le da el casco.)* ¡De madre mortal, pero hijo del todopoderoso Zeus! ¡Combinación interesante!

PERSEO   Tenemos el mismo padre, de modo que somos …

ATENEA   ¡Ni se te ocurra continuar con esa frase! (*Pausa.*) Me intriga tu trayectoria… Cuéntame, Perseo, ¿es cierto que el rey de Sérifos, Polidectes, te ha hecho una petición?

PERSEO   ¡Así es! ¡La cabeza de la temible Gorgona Medusa! Desde que nos desterraron a mi madre y a mí de nuestra querida Argos, es tanto lo que debo a la familia real de Sérifos, que cuando el rey pidió presentes para sus nupcias le comuniqué que nada le sería negado por mi parte, ni siquiera la cabeza del monstruo.

ATENEA   Peligrosa es Medusa.

PERSEO   ¡Más peligroso soy yo!

ATENEA   Te veo muy seguro de tus posibilidades.

PERSEO   ¡No temo a nada ni a nadie! Mi valor y coraje en el campo de batalla son mis mejores aliados. Mi dominio en la lucha, el atletismo y el manejo de armas hacen de mí el mejor guerrero de toda Grecia. ¡Jamás perdí una batalla y no voy a ceder ahora!

ATENEA   Perseo, Perseo… como diosa de la sabiduría… Una «preguntita»: ¿sabes dónde se esconde Medusa?

PERSEO   No.

ATENEA   ¿Y sabes cómo localizarla?

PERSEO   No.

ATENEA   ¿Conoces el terrible poder de Medusa?

PERSEO   No, pero sé que tengo que traer su cabeza.

ATENEA   (Suspira.) Vale… Como diosa de la Sabi-
              duría creo que… ¡No, mejor dejo la sabi-
              duría a un lado y me centro contigo como
              diosa de la Guerra!

PERSEO   ¡¿Como el feroz Ares?!

ATENEA   ¡No! ¡Yo soy la diosa de la guerra y de la
              batalla, de la estrategia en el combate y…
              ¡da igual! ¡¿Por qué me pasa esto a mí?!

PERSEO   ¡Necesito que me ayudes a llegar hasta el
              malvado monstruo y que me des armas!
              Una vez allí, la miraré a los ojos y la inti-
              midaré como nadie lo ha hecho nunca, y
              luego le cortaré la cabeza.

ATENEA   ¡¿La vas a mirar?!

PERSEO   ¡Claro! ¡Para cortarle la cabeza de un tajo!

ATENEA   Ya… (Irónica.) Realmente, ¿tenemos el mis-
              mo padre?

PERSEO   ¡Sí! El todopoderoso Zeus. ¡Por eso somos invencibles!

ATENEA   ¡Ironías del destino! ¿Y por qué debería ayudarte? ¡Convénceme!

PERSEO   Siento que estoy preparado para llevar a cabo la más increíble hazaña que jamás haya logrado ningún héroe griego. ¡Quiero demostrar mi valía! Desde pequeño llevo entrenando muy duro para reclamar lo es mío: tierra, patria, honor y linaje. ¡Ser el hombre del que un pueblo pueda sentirse orgulloso! Poder pagar la hospitalidad que demostró el rey Polidectes y su hermano Dictis al acogernos a mi madre y a mí.

ATENEA   ¿Y?

PERSEO   ¡Jamás sentí como mío el honor de un gran acto! Cuando mi madre sufrió el destierro, su soledad y su pena me acompañan desde niño. Por ella y sólo por ella necesito encontrar el orgullo que nos permita comenzar de nuevo sin la carga del peso de la lástima y la compasión. Una gran mujer me dijo una vez: «El ayer te prepara para el hoy que quieres vivir mañana.»

ATENEA   No recuerdo haber pronunciado esas palabras. ¿Quién te dijo esa frase?

PERSEO   ¡La mujer más mujer que he conocido nunca! La diosa mortal que más veces me ha salvado de la perdición y que más me guía e inspira con el poder sobrenatural de su mirada: mi madre. Ella pilar y estandarte que me sostiene. Ella fuego inagotable que siempre ilumina sin prender llama. Ella dolor cansado que siempre sonríe para levantar mi ánimo. Yo suyo siempre y ella para mí todo. Mi mayor fortuna. Mi regalo de los dioses: Dánae, mi madre.

ATENEA   ¡Si quieres aparto mi escultura del templo, pongo a tu madre en él y me pongo a dar saltos como las locas tirando flores para honrar su culto! ¡Madura un poco, Perseo, que ya no tienes edad para vivir bajo las faldas de tu madre con tantas tonterías!

PERSEO   ¡Mi madre es lo único que me mueve a conseguir…!

ATENEA   (*Autoritaria.*) ¡Guarda ese fuego, Perseo, para Medusa, la Gorgona! (*Comienza, de nuevo el desfile de las doncellas. Efecto sonoro en la voz de* ATENEA.) ¡Corre hasta más allá del ocaso y encuentra la guarida de las Grayas, hijas de Forcis! La sabiduría de las ancianas te llevará hasta la cueva de las Gorgonas, ¡pero cuidado con su ojo que todo lo ve! De las ninfas, su zurrón mágico para contener el poder de la cabeza sesgada.

(Las doncellas entregan a Perseo *un gran escudo reluciente.)* Y mi presente será este escudo con el que jamás mirarás de frente al Monstruo…¡Si lo haces quedarás petrificado para siempre! ¡Corre veloz y tráeme la cabeza del monstruo! ¡No te detengas ante nada ni nadie! Yo vigilaré tu paso. ¡Pero recuerda, Perseo, no la mires a los ojos o cerrarás los tuyos para siempre!

(Salen.)

Escena 9
Medusa y sus hermanas las Gorgonas.

Aparecen EURÍALE *y* ESTENO, *hermanas gorgonas de* MEDUSA.

EURÍALE   ¡Esteno, no puedes ser tan fría con Medusa!

ESTENO   ¡Déjame, Euríale!

EURÍALE   ¡No! Lo está pasando mal y, como sus hermanas, debemos apoyarla y levantar su ánimo.

ESTENO   ¡Ya no es una niña! La vida es dura y lo corroboramos cada día. La hemos acogido en nuestra cueva, la alimentamos, ¿qué más quieres que hagamos?

EURÍALE   ¡Comprender su sufrimiento, Esteno! ¡Ha perdido su libertad! ¡La han obligado a cambiar su naturaleza!

ESTENO   ¡Su naturaleza es ser una Gorgona como nosotras! Ahora tiene toda la libertad del mundo para hacer lo que le plazca y con quien le plazca!

EURÍALE   ¡Claro, con un jardín de roca inerte!

(*Aparece* Medusa.)

MEDUSA   ¿Qué os pasa? ¿Hablabais de mí?

(Euríale y Esteno *a la vez.*)

EURÍALE   No.

ESTENO   Sí.

EURÍALE   ¡Medusa, tienes que superar todo lo que ha pasado! (*Pausa.*) ¿Quieres comer algo? Llevas varios días sin probar bocado y tus serpientes están revolucionadas.

MEDUSA   No tengo hambre.

ESTENO   (*A* Euríale.) ¡Déjala!

EURÍALE   (*A* Esteno.) Tiene que animarse.

MEDUSA   ¿Con vosotras? ¡No puedo más! Pero, ¿os habéis visto?

EURÍALE
/ESTENO   ¿Qué nos pasa?

MEDUSA   Da igual. (*Pausa.*) Sí, tengo ganas de…

ESTENO   ¿De matar? ¡Pues dale! ¡Yo te ayudo! Los humanos son seres despreciables sin compasión. Juegan a una doble moral que pisotean en cuanto tienen ocasión. ¡Bestias ignorantes que se aniquilan entre ellos por un trozo de tierra!

EURÍALE   ¡Esteno! (*A* MEDUSA.) ¿Qué te apetece, Medusa?

MEDUSA   Quizás pensáis que estoy loca, pero quiero pasar una tarde tranquila. Conversar, reír,…

EURÍALE   ¡Dicho y hecho! Hoy nos vamos a pasar la tarde al valle.

ESTENO   ¡Ni hablar!

EURÍALE   (*A* ESTENO.) ¡Sí lo haremos!

MEDUSA   ¡Precisamente quiero estar sin vosotras! Os escucho pelear y gritar todo el día y necesito paz.

ESTENO   (*A* EURÍALE.) ¡Es que eres muy intensa, Euríale!

EURÍALE   ¿Yo?

MEDUSA   Necesito poder hablar con alguien más… sin que sienta temor al verme. Sin que se horrorice por mi aspecto.

EURÍALE   Yo te veo preciosa.

ESTENO   (*A* EURÍALE.) ¡No seas falsa, Euríale! La niña, si no la conoces de nada… da «miedito».

EURÍALE   (*A* ESTENO.) ¿Y tú te has visto, hermana ge-
mela de Afrodita?

ESTENO   (*A* EURÍALE.) ¿Ves como eres muy desagra-
dable?

EURÍALE   (*A* ESTENO.) ¡Eres tú quien me ha faltado!

ESTENO   (*A* EURÍALE.) ¡No montes un drama que ya
sabemos que te encanta el victimismo!

EURÍALE   (*A* ESTENO.) ¿A mí? ¡Porque siempre cues-
tionas todo lo que propongo!

ESTENO   (*A* EURÍALE.) ¡Porque son ridiculeces de vie-
ja loca!

MEDUSA   ¿Podéis parar?

EURÍALE   (*A* ESTENO.) ¡Claro, atácame y hazme sentir mal, que es lo que se te da bien!

ESTENO   (*A* EURÍALE.) ¡Soy un monstruo, Euríale!
¿Qué quieres que haga?

EURÍALE   (*A* ESTENO.) ¿Y yo que soy? ¿Una ninfa del
bosque? ¡Respeto, Esteno, respeto por tus
hermanas es lo que te pido!

MEDUSA   ¿Podéis dejar de discutir, por favor? Al pró-
ximo humano que venga le daré la opor-
tunidad de conocerme. Dejaré que profun-
dice en mis claroscuros y crearé lazos con

él para que entienda que mi interior no se corresponde con el físico con el que me castigó Atenea.

ESTENO   ¡Pues lo llevas claro! Vendrán a matarte y no te darán opción al diálogo.

MEDUSA   ¿Con cuántos humanos has hablado en tu vida?

EURÍALE   Con ninguno. Nadie la soporta.

ESTENO   ¡Euríale!

MEDUSA   Entonces ¿cómo sabes que no están dispuestos a escuchar? Yo conocí a muchas personas con corazón noble y generoso que eran capaces de ver más allá de un físico, una posición de poder o un título. ¿Por qué será distinto ahora?

ESTENO   Cariño, ¿porque los conviertes en piedra con solo mirarlos?

EURÍALE   ¡Esteno, no le quites la ilusión a la niña!

MEDUSA   Si yo puedo sentir a través de vosotras y he logrado hacerlo durante años con todo tipo de personas, ¿por qué no serán capaces de hacerlo conmigo?

EURÍALE   ¡Claro que sí, Medusa! Tú puedes conseguir lo que te propongas.

ESTENO   ¿Así quieres que supere todo lo que ha pa-
                  sado?

EURÍALE   ¿Por qué no?

ESTENO   ¡Pues la llevamos clara!

MEDUSA   ¡No empeceis otra vez!

EURÍALE
/ESTENO   (*A la vez.*) ¡Ha sido ella!

Escena 10
Medusa y Perseo.

Aparece PERSEO *en la cueva de las Gorgonas.*

PERSEO   ¡Medusa! *(Pausa.)* ¿Es aquí donde te ocultas, Medusa?

MEDUSA   Ha llegado alguien. *(A* EURÍALE *y* ESTENO.*)* ¡Dejadme sola!

ESTENO   Pero, ¿nos estás echando de nuestra propia…?

EURÍALE   ¡Calla y vámonos! Deja que la niña se divierta con el humano.

(Salen EURÍALE *y* ESTENO. MEDUSA *se oculta.)*

PERSEO   ¡No te escondas o sentirás más contundente el frío acero de mi espada! ¿Dónde estás, Medusa?

MEDUSA   *(Sin dejarse ver.)* ¿Quién eres, joven guerrero?

PERSEO   Soy Perseo, hijo de Dánae y el todopoderoso Zeus. Nieto de Acrisio, rey de Argos y futuro libertador de todo mal que aceche estas tierras.

MEDUSA   ¿Y qué mal puede perturbar estos valles sino el frío metal que empuñas y la violencia de los gritos con que pronuncias mi nombre?

PERSEO   *(Desconcertado.)* … ¿Por qué no te dejas ver?

MEDUSA   Para evitarte cualquier mal. ¿Por qué has venido? ¿Qué quieres de mí?

PERSEO   Dicen que asesinas inocentes con la mirada.

MEDUSA   ¿Y qué hacen los guerreros helenos al arrasar pueblos enteros? ¿Y tú? ¿A qué has venido aquí?

PERSEO   Intentas confundirme con juegos de palabras y agradable conversación, pero estoy convencido de que esperas el momento oportuno para aparecer por sorpresa y acabar conmigo.

MEDUSA   ¡Inocente Perseo! Si hubiese querido acabar contigo me hubiese bastado una mirada a tu llegada. Pero no quiero hacerte daño.

PERSEO   Tienes voz de mujer agradable… pero todos dicen que eres un temible monstruo sin corazón. ¿Por qué debería creerte?

MEDUSA   No te pido que me creas, sólo que me dejes mostrarte quién soy sin que mi apariencia coarte tu decisión.

PERSEO   ¿Así es como tratas a todos los hombres que han muerto petrificados por tu poder?

MEDUSA   Yo no tengo más poder que el que tú quieras ver en mí. Mi mirada petrifica, es cierto, y tu espada corta cabezas. ¿Cuál es la diferencia?

PERSEO   La intención de mi mano no es equiparable…

MEDUSA   ¿…A la intención de Medusa? ¿Por qué? ¿Cuál es mi intención? ¿Y cuál es tu intención?

PERSEO   Vuelves a querer confundirme.

MEDUSA   No. Sólo quiero que encontremos el origen real de nuestro encuentro y podamos decidir cómo avanzar… juntos. (*Pausa.*) Realmente, ¿has venido a matarme?

PERSEO   (*Contrariado.*) Sí.

MEDUSA   ¿Qué impulso te lleva a la destrucción de otro ser vivo cuando no es la supervivencia quien te incita a ello?

PERSEO   ¿Por qué me hablas como si me conocieras? ¡No tienes ni idea de los obstáculos que desde pequeño he tenido que sortear para llegar hasta aquí! Los dioses me llevan poniendo a prueba desde que nací.

MEDUSA   ¿Crees que los demás lo han tenido más fácil que tú?

PERSEO   ¡Por supuesto! Ser hijo de Zeus llega a ser un gran obstáculo, a veces.

MEDUSA   ¿Te has parado a preguntar a cada persona que te rodea cuáles son sus miedos, sus preocupaciones o las limitaciones que no le permiten ser plenamente feliz?

PERSEO   ¡Qué fácil es para ti ver las cosas desde la comodidad y tranquilidad de tu cueva!

MEDUSA   No me has contestado.

PERSEO   Supongo que no he preguntado a todos los que me rodean, pero si tuvieran problemas muy graves, habrían llegado a mis oídos y los habría ayudado.

MEDUSA   ¿Cuál es tu mayor preocupación, Perseo?

PERSEO   ¿Estás tratando de encontrar mi punto débil para asestarme tu golpe letal?

MEDUSA   Si voy a morir, al menos, déjame conocer al héroe que va a empuñar la espada. ¿Cuál es tu mayor miedo, Perseo? (PERSEO *duda.*) Tranquilo, no va a salir de aquí, y como héroe, te honrará la valentía de sincerarte. ¿Cuál es tu mayor dolor?

PERSEO   *(Duda, pero movido por un impulso responde frio.)* Mi madre. Cualquier sufrimiento que pueda adolecer a mi madre. *(Pausa.)* Desde pequeño solo veo lágrimas en sus ojos que disfraza con sonrisas. Desolación y pesar de una mujer castigada y condenada por mi culpa.

MEDUSA   ¿Los demás son partícipes de tu aflicción?

PERSEO   ¡Jamás! No permitiré que nadie conozca mi vulnerabilidad.

MEDUSA   Entonces, ¿cómo pudiste afirmar, hace un momento, que la gravedad de los problemas de los demás habría llegado a tus oídos? Pocos son los conocedores del verdadero mal ajeno, porque viaja por dentro de uno y no lo dejamos salir por miedo a que cobre una fuerza tan violenta que pueda tumbarnos de golpe.

PERSEO   Vuelves a confundirme.

MEDUSA   Igual ya llegaste confundido.

PERSEO   ¡Calla!

MEDUSA   ¿Qué esperas conseguir de mí, Perseo?

PERSEO   ¡Calla! ¡Deja tu laberinto de palabrería! Ne-
                cesito llevar tu cabeza como regalo y ofren-
                da y no vas a detenerme por mucha ama-
                bilidad que muestres conmigo. (Señalando
                toda la cueva.) ¡Esta es tu realidad! ¡A mi
                alrededor sólo veo rocas inertes que un día
                palpitaron llenas de vida!

MEDUSA   ¡Que vinieron a asesinarme! ¿No tengo de-
                recho a defender mi vida? ¿O es que mi
                vida vale menos que la de cada uno de ellos?
                ¡Yo no fui intencionadamente a la casa de
                cada guerrero para asesinarlos, ellos aquí
                sí! ¿Soy culpable por eso?

PERSEO   ¡Tu naturaleza es vil!

MEDUSA   ¡¿Quién lo dice?!

PERSEO   ¡¡Sal de tu oscuridad y defiéndete, Medu-
                sa!! No quiero seguir hablando con una
                voz sin rostro. Tu momento ha llegado y
                eso no podrás evitarlo. ¿Dónde estás?

MEDUSA   Te ofrezco un trato, Perseo. Abandona la
                violencia y el odio por unos instantes y co-
                noce mi historia, ¡la de la verdadera Me-
                dusa! Entonces saldré a la luz para ti, sin
                mirarte, sin dañarte y desarmada. ¡Pasar la

vida escondida no dista tanto de la muerte! ¿Quieres saber mi historia? Acepta mi trato y podrás juzgarme y acabar conmigo si crees que es lo que merezco.

PERSEO   *(Duda.)* ¡Acepto! Pero como sea uno de tus trucos para confundirme arrasaré toda tu cueva y de los escombros sacaré tu cabeza.

MEDUSA   Abre tu alma y contempla, Perseo, la verdadera Medusa, la Gorgona…

Escena 11
La historia de Medusa.

Aparece MEDUSA JOVEN *con los bailarines y recrean a través de la danza contemporánea toda la historia de* MEDUSA: *el encuentro con* POSEIDÓN, *el castigo de* ATENEA, *el exilio a la cueva con sus hermanas* EURÍALE *y* ESTENO.

(Pero toda la historia es un hervidero de emociones que la danza y la música nos transmite desde el punto de vista de MEDUSA. *No es una narración literal. En todo momento vemos a* MEDUSA JOVEN *que representa la esencia de la Gorgona, sin mostrar la fealdad con que la castigaron, pero sí los sufrimientos y traumas por los que tuvo que pasar: el rechazo, la humillación, la condena, el odio, la envidia… A través de la danza y la música conectaremos con todo el mundo interior de* MEDUSA. *En algunos momentos podrá verbalizar hechos o situaciones, pero dejará fluir la esencia de lo que no es visible a simple vista ni lo que se cuenta con palabras. En la puesta en escena vemos a* MEDUSA JOVEN, *pero la acompañan el resto de bailarines que también representan su mundo interior, sus luces y sus sombras, sus anhelos y sus frustraciones.*

Al terminar la coreografía, todos los bailarines desaparecen.

Canción «la verdad de Medusa»

Tu mirada que ayer era fuego… hoy hiela.
Tu voz que rompía silencios… hoy hiela.
Tu sonrisa que ensalzaba orgullos… hoy hiela.
Tu corazón que antes latía se ha transformado en piedra.

Ojos de fuego que gritaban vida… hoy hielan.
Ojos que rompían el tiempo… hoy hielan.
Ojos de vida que encendían el día… hoy hielan.
¡Maldito castigo que destruye con solo mirar!

¡PIEDRAS DE MUJER, DE MUJER CASTIGADA!
¡PIEDRAS QUE CONSUMEN COMO UN INCENDIO!
¡PIEDRAS!
¡PIEDRAS DE SOLEDAD RESIGNADA!
¡PIEDRAS DE HUMILLACIONES Y MIEDOS!
¡PIEDRAS!
¡PIEDRAS DE TANTAS MUJERES CALLADAS!
¡PIEDRAS, PIEDRAS POR CADA UNO DE LOS SILENCIOS!
¡PIEDRAS POR CADA UNA DE LAS AMENAZAS!
¡HISTORIA DE PIEDRAS QUE PERDURAN EN EL TIEMPO!

Piedras en tu garganta, gritos sin vida.
Condena que calla, vergüenza que petrifica.
Inerte roca, serpientes que atemorizan.
Rompe y destruye lo que el maldito tiempo… olvida.

Piedras que alimentan tu dolor y castigo.
Piedras heladas que enmudecen tu verdad.
Hiela tu fuego de piedra, cruel enemigo.
La roca inerte no te puede hacer llorar.

Medusa, hija del frío.
Medusa, piedra y cárcel.
Medusa, castigo y olvido.
Medusa, herida sin sangre.

Cierra los ojos, Medusa.
Muerde tu orgullo y descansa.
Tus serpientes ya no silban.
Tus cenizas ya no abrasan.

¡PIEDRAS DE MUJER, DE MUJER CASTIGADA!
¡PIEDRAS QUE CONSUMEN COMO UN INCENDIO!
¡PIEDRAS!
¡PIEDRAS DE SOLEDAD RESIGNADA!
¡PIEDRAS DE HUMILLACIONES Y MIEDOS!
¡PIEDRAS!
¡PIEDRAS DE TANTAS MUJERES CALLADAS!
¡ PIEDRAS, PIEDRAS POR CADA UNO DE LOS SILENCIOS!
¡PIEDRAS POR CADA UNA DE LAS AMENAZAS!
¡HISTORIA DE PIEDRAS QUE PERDURAN EN EL TIEMPO!

Tu mirada que ayer era fuego… hoy es piedra.
Tu voz que rompía silencios… hoy solo la acompañan
[piedras.
Tu sonrisa que gritaba vida… hoy solo puede besar la
[piedra.
Esta es tu historia: castigo, silencio y…soledad.

Escena 12
La vulnerabilidad de Perseo.

> Perseo *queda solo en el escenario.* Medusa
> *sigue sin dejarse ver a los ojos de* Perseo.

Perseo   ¡Jamás pensé que la temible Medusa fuera una joven condenada!

Medusa   ¡La envidia miente, la ambición destruye y el poder corrompe! ¿Dónde queda el ser humano en todo esto? Los poderosos y las poderosas *(haciendo referencia a* Atenea*)*, los dirigentes, los altos cargos,… ¡El conocimiento es poder, por eso es un bien del que nos privan constantemente!

Perseo   Yo también fui condenado por mi naturaleza y por eso comprendo la impotencia que lleva a tantos actos nublados de juicio. Un oráculo predijo a mi abuelo Acrisio, rey de Argos, que su nieto lo asesinaría. ¿Yo? ¿Por qué iba a querer asesinar mi sangre? Los oráculos sólo son…

Medusa   ¡…el divertimento de los dioses! *(*Perseo *comienza a reír.)* ¿De qué te ríes?

Perseo   Nunca lo había visto así.

MEDUSA ¡Los dioses no tienen más poder que el que tú y yo les queramos dar! En el momento que dejemos de creer en ellos… dejarán de existir.

PERSEO ¿Tú confías en los dioses?

MEDUSA ¡Yo estoy de ellos hasta la última serpiente de mi cabeza! ¡De la importancia que les damos! ¡Del poder y adoración que les profesamos! La fe en los dioses no es más que un lastre al que nos agarramos, débiles de espíritu, para justificar hechos que no somos capaces de afrontar. Yo creo en lo que puedo modificar con mis acciones y pensamientos. Yo creo en ti y en mí…, en nuestro ahora. *(Pausa.)* No somos tan distintos, Perseo.

PERSEO Quizás no.

MEDUSA Los dos nos vestimos de dureza y determinación y no somos más que simples cachorrillos asustados en un mundo inhóspito.

PERSEO Desde pequeño intento ser el más aguerrido, el más valeroso, el más fuerte, el más veloz y raudo, el mejor hijo, el mejor amante, el mejor compañero… y todo por demostrarme a mí mismo y a los demás que soy válido. ¿Válido para qué?

PERSEO
/MEDUSA   ¡¿Válido para quién?!

PERSEO   ¡La vida perfecta no existe! El guerrero per-
                fecto no existe…

MEDUSA   ¡Y, como verás, el monstruo perfecto tam-
                poco! (*Los dos ríen.*)

PERSEO   Al final no somos más que consecuencia
                de múltiples errores que nos van condicio-
                nando desde que nacemos.

MEDUSA   Errores o aciertos. La línea es muy fina y
                da igual desde qué lado la mires.

PERSEO   ¡Pero todos a mi alrededor me piden más!
                Más para ellos, más que demostrar, más
                que conseguir… (*a la vez con* MEDUSA.) ¡y
                estoy cansado!

MEDUSA   ¡Y estás cansado! El valor no radica en lo
                que haces, sino en lo que eres, Perseo.

PERSEO   Desde niño me acompaña el sentimiento
                gris de pedir perdón por estar aquí. No pue-
                do evitar pensar que sin mí muchos males
                se habrían evitado. Mi madre, por tener-
                me, fue condenada y castigada. ¡Aún sa-
                biendo cuánto me quiere, no puedo evitar

pensar la de veces que habrá imaginado una vida mucho más fácil y sencilla si yo no hubiera nacido!

MEDUSA Perseo…

PERSEO ¡No quiero que te compadezcas de mí! Este sentimiento es una sombra que me acompaña como muchas otras que forman parte de mi vida. *(Pausa.)* ¡Injusto peso para un niño que tiene que cargar con el odio, los reproches, las condenas y el dolor heredados de su familia! Los niños tienen que reír y jugar sin miedo. ¡Los niños no están preparados para ver llorar y sufrir a sus madres, porque esa pena cala muy hondo y los destruye por dentro! Pero la vida sigue y esos niños el día de mañana se convertirán en hombres. Hombres llenos de nudos que no pueden desatar porque son nudos hechos por otros, pero que te seguirán ahogando hasta el día en que te vayas. Nudos que uno finge constantemente no tener, por miedo a volver a hacer daño. Nudos que jamás permitirás que nadie deshaga por miedo a apretarlos más y que te hagan aún más daño. Pero esos niños crecen y no tienen más remedio que hacerse fuertes a base de silencio, creando una coraza de perfección y falsa seguridad que dé algo de paz a esa madre consciente del horror en el que su hijo bracea por salir a flote. Al conocer tu historia me vuelvo pequeño, insignificante y lleno de miedos que creo que nunca podré superar. Tengo miedo al fracaso. Tengo miedo a no cumplir expectativas. Tengo miedo de encontrarme con mi «yo» real y ser consciente de que no soy lo suficientemente bueno. De hecho sé que no soy bueno…

MEDUSA   ¿Bueno para quién?

PERSEO   Tu historia es valentía, mi historia es borrón que quiere contar una mentira. Tú luchas para que tus acciones te salven, mientras yo con mis acciones solo busco mayor condena. Tú eres capaz de creer en los demás… y yo no creo ni siquiera en mí. ¡Está claro que de los dos, yo soy el monstruo!

Escena 13
Medusa, Perseo y Atenea.

> *Aparece* Atenea *envuelta en humo con coraza y casco.*

ATENEA   (*A* Perseo.) ¿Estamos de terapia, Perseo? ¡Porque no creo que sea el lugar más oportuno!

PERSEO   ¡Atenea! ¿Qué haces aquí?

MEDUSA   ¿Atenea? ¿Dónde está?

ATENEA   (*A* Perseo.) ¡No te esfuerces, ella no puede verme! Sólo soy visible a tus ojos.

PERSEO   (*A* Medusa.) ¿Qué quieres?

MEDUSA   (*Pensando que es a ella.*) ¿Cómo que qué quiero? ¿Te encuentras bien?

ATENEA   (*A* Perseo.) Yo que tú no le decía nada. Aunque parezca muy amable, de primeras, puede volverse agresiva echando espuma por la boca cuando menos te lo esperes. ¡Lo que tienen las fieras, que son incontrolables!

> (*Deja su casco sobre una de las estatuas.*)

PERSEO   (*A* MEDUSA.) Estoy bien. Sólo un poco con-
                fundido.

MEDUSA
/ATENEA   Bien.

ATENEA   ¿A qué esperas para seguir su voz y acabar
                con Medusa? ¿O es que te has apiadado del
                monstruo?

PERSEO   ¡Yo soy el monstruo aquí!

MEDUSA   ¡Calma Perseo!

ATENEA   (*A* PERSEO.) ¡Vaya, hasta la fiera está más
                centrada que tú!

PERSEO   Tengo diferentes voces dentro de mí que
                me quieren arrastrar. Por un lado…

ATENEA   ¡Déjate de retórica y al grano, muchacho,
                que el tiempo corre y juega siempre en con-
                tra! ¡No olvides a qué has venido!

PERSEO   Vine buscando un trofeo que me llevara a
                la gloria, una hazaña que me ensalzara como
                héroe…

ATENEA   ¿Y qué te frena para conseguirlo? El éxito
                está a tu alcance.

MEDUSA   Un gran hombre no se mide por los trofe-
                os que consigue. Las decisiones correctas

te ennoblecen y la muerte siempre supone un fracaso.

ATENEA   ¡Uy, que benévola ella! ¡La que asesina con la mirada a todo el que ha osado pisar esta cueva! ¡Que no te engañe, Perseo! ¡Mira todos los guerreros a los que no dudó en quitarles la vida! ¿No ves que está fingiendo ser quien no es porque sabe que no podrá contigo? ¡Porque cuentas con mi favor!

MEDUSA
/ATENEA   ¡Yo creo en ti!

PERSEO   ¡Callad! ¿Creéis que no soy consciente de vuestro juego? ¡Pues estáis equivocadas! ¡El fuerte pero necio Perseo! ¡El impulsivo pero poco centrado Perseo! ¡El noble pero maleable Perseo! ¡Algo necesitáis de mí y os lleva a esta dialéctica absurda! ¿Me queréis como vuestra marioneta? ¡Pues la marioneta se cansó de vuestro juego! ¡Si sois tan poderosas, luchad frente a frente y medid vuestro odio cara a cara!

(Comienza a irse.)

ATENEA   *(A* PERSEO.*)* Ni se te ocurra marcharte.

MEDUSA   No te vayas.

ATENEA   *(Efecto sonoro en la voz de* ATENEA *que inmoviliza a* PERSEO.*)* ¡No te muevas!

MEDUSA   (*A* PERSEO.) ¡Cierra los ojos, Perseo! (ME-
              DUSA *se deja ver.*) Así que la poderosísima
              Atenea se deja ver por mi acogedora mo-
              rada.

ATENEA   (ATENEA *se muestra a los ojos de* MEDUSA.)
              Pasaba por aquí y me dije: «¡Voy a ver cómo
              se encuentra!». La cueva es acogedora, Me-
              dusa. Un poco fría, pero acogedora. El de-
              talle de las estatuas confiere estilo al lugar.

MEDUSA   ¿Qué quieres de mí?

ATENEA   (*Amable.*) Nada.

MEDUSA   ¿Rematarme?

ATENEA   ¡Ay, no seas dramática, por favor!

MEDUSA   Tú has estado detrás de esa mala fama que
              corría por las ciudades. Tú has alentado
              a todos esos guerreros para que vinieran a
              asesinarme.

PERSEO   (*A* ATENEA.) ¿Es eso cierto?

ATENEA   (*A* PERSEO.) Habladurías que corren por
              los pueblos. Yo sólo me he preocupado
              por las personas inocentes que morían por
              su frialdad. (*A* MEDUSA.) ¿O has sentido re-
              mordimiento por alguno de estos hombres
              de piedra? ¡Contesta!

MEDUSA   El poder de mis ojos es incontrolable, y tú
           deberías saberlo. ¡Venían a hacerme daño,
           Perseo! Centenares de guerreros sin nom-
           bre que jamás llegaron a cruzar una pala-
           bra conmigo…

ATENEA   ¿Y sus familias? ¿Y sus hijos, Medusa? ¡No
           te lleves a engaño, Perseo, hubo placer y
           regocijo en muchas de estas muertes!

PERSEO   ¡No os entiendo! ¡¿Qué necesitáis?! ¿Por
           qué queréis condenarme a vuestros antojos?

MEDUSA   ¿Antojo es querer que alguien muestre com-
           pasión por mí?

ATENEA   ¿Antojo es querer proteger a la humanidad
           de un monstruo que arrasa con la mirada
           y se ha llevado centenares de vidas por de-
           lante?

PERSEO   (A ATENEA.) ¿Por qué no acabas tú con ella,
           todopoderosa diosa de la Guerra?

MEDUSA   (A PERSEO.) ¡No abras los ojos! ¡Mira a tra-
           vés del reflejo del escudo! (PERSEO lo hace.)
           ¡Atenea jamás se atrevería a tocarme para
           evitar una guerra con Poseidón! ¡Jamás se
           atrevería a tocarme porque supondría ad-
           mitir que por envidia llevó a la locura a una
           sacerdotisa de su templo! ¡Y jamás se atre-
           vería a tocarme para evitar que tú como

testigo difundas la verdadera esencia de un verdadero monstruo, que no soy yo!

ATENEA   (*Se lleva a* PERSEO *a proscenio.*) ¡Mírame, noble Perseo! Al nacer, desterrado de Argos con su madre Dánae… ¿Te han dicho alguna vez que el conocimiento es poder? ¡Y mira qué casualidad, que yo soy la diosa de la Sabiduría! Escucha con atención, Perseo: (*Efecto sonoro en la voz de* ATENEA.) «El rey de Sérifos, Polidectes, se ha obsesionado con tu madre Dánae y pretende forzarla hasta hacerla suya. Ella está escondida pero no va a tardar mucho tiempo en ser encontrada por la guardia del rey. ¡Sólo tienes una opción para acabar con Polidectes, su corte y su guardia: la cabeza de Medusa! El tiempo corre y como ya te dije, juega siempre en contra. ¡Tú decides!»

PERSEO   ¡No es verdad!

ATENEA   (*Finge ser dulce.*) Los dioses no mentimos.

MEDUSA   ¡Los dioses siempre mienten!

ATENEA   (*Agarrando la cabeza de* PERSEO *para que no mire a* MEDUSA.) ¡No la mires!

PERSEO   ¡No puedo permitir que hagan más daño a mi madre!

MEDUSA   ¡Siempre hay opciones!

ATENEA   No, no la hay.

MEDUSA   (*A* PERSEO.) ¡Cierra los ojos! (*Se acerca a* PER-
           SEO.) Si me necesitas, yo iré con la cabeza ta-
           pada hasta la isla de Sérifos para ayudarte.

ATENEA   ¡Qué tierna, Medusa! ¡Igual en un despis-
           te también petrificas a Dánae, la madre de
           Perseo! (*A* PERSEO.) ¡No tienes opción! Una
           fiera en libertad en mitad de la ciudad se-
           ría tu ruina y la de tu madre. ¡Jamás logra-
           rás huir de tu destino!

           (ATENEA *le da la espada para que la empuñe.*)

PERSEO   ¡¿Por qué los dioses me hacen esto?!

MEDUSA   ¡Los dioses no existen! Eres tú quien los
           creas con tu adoración y tu fe. Atenea es
           diosa porque tú la pones en un templo y la
           vistes de oro. ¡Y tú serás un asesino en el
           momento que me ejecutes!

ATENEA   ¡El tiempo sigue avanzando en tu contra!
           ¡Decide Perseo! ¿Tu madre, tu coronación
           como héroe y una vida de orgullo o la vida
           del monstruo, la humillación y destrucción
           de tu familia y tu vergüenza como hijo?

MEDUSA   Perseo…

ATENEA   Una sabia mujer dijo una vez: «El ayer te pre-
           para para el hoy que quieres vivir mañana».

PERSEO   Lo dijo mi madre…

MEDUSA   Perseo, en ti reside el valor de ser justo.

ATENEA   (*A* PERSEO.) ¡Hazlo por Dánae, tu madre!

PERSEO   ¡¿Por qué?!

ATENEA   El tiempo corre…

MEDUSA   ¡Siempre se está a tiempo!

PERSEO   ¡¡PARAD!! (*Pausa.*) Lo siento…

ATENEA   ¡Buena elección!

              (ATENEA *levanta el brazo de* PERSEO *que sostiene la espada y corta el cuello a* MEDUSA. *Una luz cegadora alumbra al público mientras* PERSEO *grita desgarradoramente. Poco a poco las luces van cediendo y vemos una proyección: del cuello de* MEDUSA *aparece el gigante «Crisaor» y el caballo alado «Pegaso».*)

Escena 14
Epílogo de Medusa.

> *Aparece* MEDUSA *en proscenio hablando al público.*

MEDUSA ¡Y así fueron los hechos! ¡El «aguerrido» Perseo, el «justo» Perseo, el «decidido» Perseo… ! ¡El valiente, poderoso, noble, apuesto, locuaz, intrépido, inteligente, habilidoso estratega e ingenioso Perseo se convirtió en uno de los mayores héroes que ha dado Grecia! Mientras yo, me convertí en la cara horripilante que decoraría la égida, el escudo de Atenea. ¿Tanto esfuerzo para acabar estampada ahí? ¡Qué pena, cariño! Tanto para tan poco. Porque pasa la vida, y lo que fue se desdibuja de tal forma que lo que queda no es más que una mala tergiversación de los que gritaron con más fuerza. Aviso. ¡Esos mismos que nos obligan, NO a ser de una manera determinada, sino a PARECER que somos de la forma que ellos y «ellas» quieren que seamos! ¡Marionetas concebidas para aparentar! Y ahora os pregunto: ¿Cuántas cabezas habéis cortado a lo largo de vuestra vida? ¿A vuestros hijos? ¿A vuestras parejas? ¿A vuestras amistades o familia? ¿Nadie?

¡¿nadie ha cortado una cabeza para conseguir que otra persona cumpla sus expectativas?! Tipo «¡No hagas esto para que no piensen mal!» «¡No te vistas así si no quieres que hablen de más!» «¡No te vistas de esa forma para que no hablen!» «¡No opines así, no digas eso si no quieres que te etiqueten de lo que no eres!»… ¡No hagas, no digas, no pienses, no veas, no sientas, no seas! Recordad que de cada cabeza que cortéis un gigante y un Pegaso se esfuman para siempre… ¡y no está la cosa como para perder gigantes que tambalean un poco este mundo de apariencias ni preciosos caballos alados, como Pegaso, que nos puedan guiar e inspirar en tiempos inciertos como estos! Mientras, mis queridas serpientes y yo seguiremos nutriendo vuestras pesadillas y sueños, alimentando fábulas y soportando la vergüenza que os provoca que seamos… diferentes. ¡Ironías de la vida que dejan a una sin habla! ¡Literalmente!
Sí,
Pero yo, en mis grandes equivocaciones y mis pocos aciertos, fui honesta y luché.
Luché por lo que creí correcto.
Luché por encontrar respeto y ser escuchada.
Luché por ser libre y me vi atrapada en un mundo de redes, mentiras y apariencias.
Y por luchar…
Luché hasta en contra de mis principios y cometí actos terribles.

Luché, porque entre toda esta mierda, hay personas y momentos, como este, que SÍ merecen la pena de ser vividos.

Luché porque nací libre y valiente... y valiente le digo orgullosa a la Eternidad que aquí me tiene dando guerra... ¡y lo que me queda!

¡Yo, Medusa, la Gorgona!

Oscuro final.

Esta primera edición de *Medusa*,
de José María del Castillo, terminó de imprimirse
en julio de dos mil veinticuatro,
en Antequera.